AF563690

DOMINIQUE PARRENIN.

DISCOURS

Prononcé au Russey le 17 mai 1864,

PAR M. L'ABBÉ SUCHET,

MEMBRE DE L'ACADÉMIE DES SCIENCES, BELLES-LETTRES ET ARTS DE BESANÇON.

> Un sage est une instruction vivante pour le commun des hommes.
> (*Livre moral de Tchang*, traduit du tartare par PARRENIN.)

BESANÇON,

IMPRIMERIE ET LITHOGRAPHIE DE J. JACQUIN,

Grande-Rue, 14, à la Vieille-Intendance.

1864.

DOMINIQUE PARRENIN.

DISCOURS

Prononcé au Russey le 17 mai 1864,

PAR M. L'ABBÉ SUCHET,

MEMBRE DE L'ACADÉMIE DES SCIENCES, BELLES-LETTRES ET ARTS DE BESANÇON.

> Un sage est une instruction vivante pour le commun des hommes.
> (*Livre moral de Tchang*, traduit du tartare par PARRENIN.)

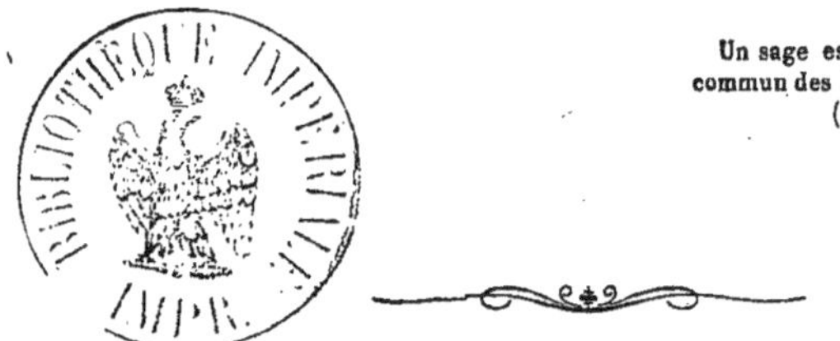

MESSIEURS,

Un peuple s'honore toujours en rendant publiquement hommage aux hommes vertueux. Il témoigne par là qu'il sait garder fidèlement le souvenir des belles actions, et qu'à ses yeux la vraie gloire ne doit jamais être séparée de la vertu.

Ce sentiment, vous avez voulu l'exprimer hautement en élevant une statue au plus illustre de vos compatriotes (1), à Dominique Parrenin-Mossard. La gloire de cet homme éminent est celle de la France entière; mais elle vous appartient d'une manière plus intime, car c'est au milieu de vous que Parrenin est né, c'est parmi vous qu'il a puisé ces dons bril-

(1) Le Russey a encore donné le jour à un autre savant religieux, Bernard Guillemin, né au commencement du XVIIIe siècle et mort à Rome en 1775. Les papes Benoît XIV et Clément XIII l'honorèrent de leur confiance. On a de lui : *Sermonum libri tres;* Rome 1742, in-4°.

lants de la nature, ce caractère tout à la fois bienveillant et grave, qui ont fait de lui un savant si aimable et un missionnaire si dévoué. Aussi vous avez voulu qu'un monument durable fût élevé à la place même de cette vieille église où Parrenin fut baptisé il y a deux cents ans, et qu'il rappelât aux habitants du Russey le souvenir d'un compatriote qui fut l'ami des hommes illustres, le conseiller des princes et l'honneur de l'Eglise.

Il ne m'appartient pas de louer tout ce qu'a fait pour cette commune une administration aussi intelligente que généreuse. Cette église, que les étrangers admirent et dont les habitants sont justement fiers, suffit à elle seule pour prouver qu'on sait ici unir la recherche de l'utile au goût du beau. Le même sentiment vous a fait penser aussi que cette fontaine, amenée à grands frais au centre de la commune et si précieuse pour toutes les familles, ne perdrait rien à devenir un monument splendide. Vous avez voulu qu'elle fût couronnée de l'image du missionnaire dont la parole fut aussi comme une source abondante qui rejaillit jusqu'à la vie éternelle.

Honneur à vous, Messieurs, qui avez su acquitter si noblement la dette de reconnaissance que la patrie doit payer aux vertus et au mérite des grands hommes. Honneur à l'administrateur dévoué (1) dont l'intelligente activité n'a épargné aucune démarche pour répondre dignement au vœu de cette commune. Honneur à l'architecte habile (2) qui a su donner à cette fontaine le caractère d'un monument élégant et gracieux. Honneur à l'artiste distingué (3) dont le talent, apprécié dans cette province, a su représenter dans ce monument les attributs des deux nobles passions qui ont absorbé toute la vie de Parrenin, la science et la foi (4). C'est là aussi ce que je me propose de vous montrer dans ce grand homme, en essayant de le peindre d'abord comme savant, ensuite comme missionnaire.

I.

Dominique Parrenin naquit au Russey le 1er septembre 1665. C'était le temps où Colbert fondait l'Académie des sciences et réunissait autour du trône de Louis XIV tous les savants de France et d'Europe. Mais les parents de Parrenin étaient bien loin de rêver pour leur fils une place

(1) M. Bourquard, maire du Russey.

(2) M. Fallot.

(3) M. Paul Franceschi.

(4) D. Parrenin est représenté appuyant une main sur une sphère, symbole de la science, et élevant de l'autre la croix, attribut du missionnaire catholique.

dans ce concert d'hommes éminents où il devait cependant un jour rencontrer tant d'amis. Pierre Parrenin-Mossard, son père, et Marguerite Etevenard, sa mère, étaient avant tout de pieux chrétiens, et ils voulurent que le jour même de sa naissance il fût porté à l'église de la paroisse pour y être baptisé (1). Le jeune Dominique grandit sous l'œil de sa mère. Mais, si nous en croyons une tradition (2), il fut loin d'abord de répondre à ses soins. Vif, fougueux, impatient du joug, il déconcertait ses parents, et ce fut pour dompter par la discipline cette nature ardente qu'on l'envoya au collége des Jésuites à Pontarlier. Là, il aima ses nouveaux maîtres, s'attacha à leur institut et se sentit porté à l'embrasser. Ses maîtres le conduisirent au grand collége de Lyon, où il acheva ses études, et comme il se sentait de plus en plus attiré vers la vie religieuse, il fut admis au noviciat d'Avignon le 16 septembre 1682. Il était alors dans sa dix-huitième année, et pendant les deux ans qu'il passa dans les exercices du noviciat, sa vertu et son caractère aimable lui firent de tous ses confrères des amis dont il garda toujours fidèlement le souvenir. Cinquante ans plus tard, au milieu des grandes œuvres qu'il accomplissait pour le bien de la religion à la cour de Pékin, il n'avait pas oublié *ses anciens compagnons de noviciat* (3), et s'estimait heureux de leur adresser, de ces contrées lointaines, un affectueux souvenir.

A vingt ans Parrenin montrait déjà ce qu'il serait un jour. Il tourna vers les études sérieuses et les grandes pensées cette ardeur de tempérament, cette vivacité de caractère qui avait si fort alarmé sa mère quand il était encore enfant. Il réunissait en lui toutes les qualités du corps et de l'esprit qui pouvaient prévenir en sa faveur. Bien fait de sa personne, il avait une physionomie où se peignait un heureux mélange de bienveillance et de dignité (4). D'un esprit vif et pénétrant, d'une mémoire prodigieuse, il retenait tout ce qu'il avait lu, et savait donner du prix à tout ce qu'il disait. Egalement né pour les sciences et pour les lettres, il fut bientôt apprécié non-seulement de ses supérieurs, mais encore des hommes du monde, au point qu'on lui offrit des postes considérables s'il voulait quitter la congrégation des Jésuites. Mais Parrenin n'était pas

(1) Son parrain fut Claude Cuenin, de la Grand'Combe des Bois, et sa marraine Claudine Louvet, des Petits-Bois. (Registres du Russey). — Le nom de Parrenin a été écrit de différentes manières. Nous avons suivi l'orthographe de son acte de baptême.

(2) Témoignages recueillis par M. Verdot, ancien curé du Russey.

(3) Lettres édifiantes, du 29 octobre 1734.

(4) On peut voir son portrait dans les Lettres édifiantes. Il accompagne sa lettre adressée à l'Académie des sciences le 1er mai 1723.

homme à trahir ses vœux. Il resta fidèle à une vocation où il se souvenait d'avoir été appelé par une grâce singulière que Dieu lui avait accordée dans sa jeunesse (1).

Les Jésuites étaient alors les maîtres les plus éminents de l'enseignement public en France. Parrenin fut chargé de professer les humanités dans plusieurs colléges de la compagnie. Il y fut partout chéri et respecté pour ses vertus et ses talents. Rappelé à Avignon en 1693, il s'appliqua pendant quatre ans à l'étude de la théologie. C'est alors qu'il sollicita avec instance auprès de son général la permission de consacrer sa vie à l'œuvre des missions étrangères. Ses supérieurs connaissaient sa piété, son zèle, son amour pour la pauvreté et les souffrances, son exactitude scrupuleuse à remplir les devoirs de son état. Aussi ils n'hésitèrent pas à lui confier la mission qu'il ambitionnait. En 1697, l'empereur de Chine, appréciant hautement les services que lui rendaient les missionnaires réunis à sa cour, en demanda de nouveaux à la France. Le P. Bouvet fut son ambassadeur auprès de Louis XIV, et au commencement de l'année 1698 il retourna en Chine emmenant avec lui six missionnaires jésuites, parmi lesquels on distinguait Dominique Parrenin (2). Ne croyez pas cependant que notre jeune religieux sera désormais perdu pour l'Europe. Non, il n'oubliera pas ceux au milieu desquels il a passé avec éclat les premières années de sa carrière, et il aura une égale affection pour sa patrie d'origine et pour sa patrie d'adoption. A l'une il communiquera ses recherches curieuses, à l'autre il consacrera les ardeurs de son zèle. La France lira avec avidité les lettres du savant et de l'érudit, tandis que la Chine recueillera avec fruit les enseignements sacrés du missionnaire.

C'est en effet à dater de cette époque que nous le voyons en relation avec les plus illustres membres de l'Académie des sciences, les Fontenelle, les Mairan, les Cassini, les Fréret, les Réaumur, etc., et même avec Leibnitz (3). C'était le siècle des grands hommes ; c'était aussi celui des grands princes. Dans le temps même où l'Europe admirait les magnificences du règne de Louis XIV, la Chine était gouvernée par un homme d'un esprit supérieur. L'empereur Kang-hi unissait aux qualités d'un lia-

(1) Lettre du P. Chalier, de Pékin, 10 octobre 1741.

(2) Crétineau-Joly, *Hist. de la comp. de Jésus*, t. V, p. 55.

(3) Leibnitz avait écrit au P. Bouvet, missionnaire à Pékin, une lettre relative à l'arithmétique binaire. Il prétendait avoir retrouvé ce système de numération dans un livre sacré des Chinois, écrit par l'empereur Fo-Hi. Parrenin, à qui la lettre de Leibnitz fut communiquée, discute l'opinion du philosophe allemand et montre dans une lettre qu'elle n'est pas fondée.

bile politique le titre d'ami des lettres et de protecteur des savants. Les Jésuites, admis à sa cour (1), lui avaient fait aimer les sciences de l'Europe, et lui avaient inspiré une haute idée de la grandeur de la France. Parrenin lui fut présenté, et ce prince, reconnaissant bientôt le mérite du nouveau missionnaire, l'attacha au service de sa personne et de son palais. Il lui donna des maîtres qui lui apprirent le chinois et le tartare. Parrenin avait une mémoire prodigieuse. Il retint facilement les mots et les caractères de ces langues si difficiles. Sa pénétration d'esprit en saisit toutes les nuances et les délicatesses, et il s'exprima bientôt en tartare et en chinois aussi facilement que dans sa langue maternelle (2). C'est le témoignage que lui rend un de ses compatriotes, le P. Chalier, qui avait partagé ses travaux dans les missions de l'Orient. Parrenin lui-même nous raconte, dans une de ses lettres, qu'un jour il soutint vaillamment, contre les fils de l'empereur, la supériorité des idiomes de l'Europe sur la langue tartare. Il connaissait assez celle-ci pour ne pas craindre d'en discuter les imperfections en présence des indigènes et des princes. Il leur démontra que leur langue, malgré ses signes multipliés, ne peut exprimer tous les sons; que, malgré sa richesse, elle ne peut rendre toutes les pensées ; que son abondance n'est souvent qu'une pauvreté réelle ; qu'elle manque de simplicité et qu'elle ne connaît pas les transitions qui servent à lier les phrases entre elles (3).

Ces discussions savantes avec des princes éclairés ne servaient pas seulement à charmer ses illustres interlocuteurs, mais encore à leur donner une haute idée de ces peuples européens qu'ils avaient regardés jusque-là comme des barbares.

La connaissance des langues orientales servit encore à ouvrir un nouvel horizon à l'intelligence de Parrenin. Il lut avec avidité les livres des Chinois, compulsa leurs annales, interrogea leurs traditions, et fut bien-

(1) Les PP. Gerbillon et Bouvet surtout.

(2) Le nom chinois de Parrenin était *Pa-to-nin.* (Mém. sur l'état de la Chine en 1738, dans les *Lettres édifiantes*, tome IV.)

(3) Lettre de Parrenin, du 1er mai 1723, à M. de Fontenelle. Parrenin y expose, d'une façon intéressante, les singularités de la langue tartare. Une des plus remarquables, c'est que les caractères de l'écriture tartare sont de telle nature qu'on les lit également, soit qu'on les présente renversés ou qu'on les regarde de face, en un mot, à l'envers ou à l'endroit. (Voyez sur cette discussion, DUHALDE, *Description de la Chine*, tome III, page 69, etc.) Dans le *Journal des Savants* (1820, page 564), M. Abel Rémusat accuse le P. Parrenin « d'erreurs et de faussetés » relativement à la littérature chinoise et tartare. Mais il ne donne aucune preuve à l'appui de cette accusation, qu'on ne peut cependant accepter sur la parole de son auteur, quelle que soit son autorité.

tôt capable de parler savamment de leur philosophie, de leurs sciences, de leurs usages, de leur politique. Aussi l'empereur aimait à s'entretenir souvent avec lui. Il était charmé de l'entendre parler avec grâce de tout ce qu'il savait. C'est par lui qu'il voulut être instruit des sciences de l'Europe et étudier les divers gouvernements du monde civilisé. Parrenin lui inspira tant d'estime pour Louis XIV, qu'il n'en parla désormais qu'avec admiration, ainsi que de la nation que ce grand règne avait élevée si haut.

Certes, Messieurs, dans un pays tel que la Chine, où l'on vénère l'empereur à l'égal d'une divinité, où l'on ambitionne comme une félicité suprême la faveur de le voir, de lui parler, de l'entendre, c'était une distinction bien honorable pour un missionnaire de devenir le favori du prince, d'être son guide et son maître dans l'étude des sciences. C'était plus que cela encore. C'était le triomphe de la civilisation chrétienne sur cette civilisation orientale immobile comme le tombeau.

Parrenin fut l'ami de Kang-hi pendant toute la vie de ce prince. Chaque année, en automne, l'empereur se rendait en Tartarie pour chasser au delà de la grande muraille. Il voulut que Parrenin l'accompagnât dans tous ses voyages, et pendant plus de vingt ans le missionnaire parcourut tout le pays à la suite du prince. Il profita de ces courses pour faire des recherches sur la botanique, la zoologie et la géographie de l'empire. Ses observations ne devaient pas seulement servir à contenter la curiosité de l'empereur ; elles devaient servir encore à la création de cette magnifique carte de Chine qui fut dressée par les missionnaires, et qui révéla, pour ainsi dire, aux Européens ce pays, si peu connu jusqu'alors.

En effet, un jour Parrenin, s'entretenant avec Kang-hi de la géographie de l'empire, lui fit observer qu'il tombait dans une grave erreur relativement à la position de Chin-yang, ville importante de ses Etats. Le prince voulut en avoir la preuve, et, jaloux de s'en assurer, il chargea Parrenin de se rendre à Chin-yang pour y prendre la hauteur et lever la carte de tout le pays. « A son retour, dit le P. Chalier, les doutes qu'il fit naître dans l'esprit de l'empereur relativement aux positions des autres lieux considérables de ses vastes Etats, la gloire dont il le flatta s'il faisait dresser une carte complète de son empire, déterminèrent ce prince à effectuer un si grand projet, et il donna aussitôt les ordres nécessaires, en chargeant le P. Parrenin de lui nommer ceux des missionnaires propres à travailler, et en lui ordonnant de conduire et de diriger lui-même cet ouvrage immense (1). » Cette carte fut faite avec le

(1) Lettre du P. Chalier, de Pékin, 10 octobre 1741.

plus grand soin. Les missionnaires y mirent cinq années de travail, et aujourd'hui on peut l'admirer dans le grand ouvrage de Duhalde sur la Chine (1).

Cette œuvre importante était loin d'absorber l'activité féconde de Parrenin. Sa vaste intelligence embrassait toutes les branches des connaissances humaines. Mathématiques, sciences naturelles, physique, médecine, astronomie, il trouvait du temps pour s'appliquer à toutes les études, et il écrivait pertinemment sur tous les sujets. Dans les grandes chasses d'automne, qui duraient plusieurs mois, l'empereur l'appelait souvent auprès de lui pour se perfectionner à son école. Ce prince avait en haute estime les travaux des savants Européens. Ce qu'on lui en disait ne faisait qu'éveiller en lui le désir d'en connaître davantage. « C'était, dit Parrenin, un de ces hommes extraordinaires qu'on ne trouve qu'une fois dans plusieurs siècles. Il ne donnait nulle borne à ses connaissances. » Aussi, pour contenter cette avide curiosité, le savant missionnaire avait traduit en langue tartare un grand nombre de traités écrits en français, en latin, en italien et en portugais. Mais en 1716, il entreprit par son ordre un grand ouvrage qui lui coûta cinq années de travail. C'est une traduction en langue tartare de tout ce qu'il y avait de plus curieux et de plus nouveau en fait d'anatomie, de médecine, de physique, d'histoire naturelle, d'astronomie, etc., dans les Mémoires de l'Académie des sciences de Paris. Pour aider Parrenin dans cette œuvre, l'empereur mit à sa disposition des mandarins habiles, des écrivains dont la main était excellente, des peintres capables de tracer les figures. L'ouvrage fut distribué par leçons, et l'empereur s'engagea lui-même à corriger les mots et le style, s'il était nécessaire ; il espérait surtout tirer un grand avantage des ouvrages de médecine, en les faisant contribuer aux progrès de cette science, qui lui semblait si imparfaite en Chine.

Quand l'ouvrage fut terminé, les copistes en écrivirent pour l'empereur et ses fils trois magnifiques exemplaires, qui furent déposés dans ses palais. Kang-hi le lut avec le plus vif intérêt, et il en exprima publiquement sa

(1) *Description historique et géographique de la Chine*, par le P. DUHALDE ; Paris, 1735, 4 vol. in-fol. — C'est de 1708 à 1715 que les missionnaires furent employés à cet ouvrage. Outre Parrenin, ce sont les PP. de Mailla, Bouvet, Regis, Jartoux, du Tartre, Hinderer, jésuites français, le P. Bonjour Fabri, augustin, le P. Fredelli, jésuite allemand, et le P. Cardoso, jésuite portugais. — Déjà en 1705, Parrenin avait travaillé à une grande carte de Pékin et ses environs, qui fut exécutée par les ordres de l'empereur. (Voyez lettre du P. Gerbillon, de Pékin, 1705, dans les *Lettres édifiantes*, et la préface de la *Description de la Chine* par DUHALDE, page 29.)

satisfaction à Parrenin. Son esprit était captivé surtout par ces questions d'histoire naturelle où la sagacité laborieuse des savants européens s'est plu à rechercher les moindres secrets de la nature. C'est ainsi qu'il fut charmé de lire la célèbre dissertation de Bon de Saint-Hilaire sur les toiles d'araignée, dans laquelle l'auteur enseigne le moyen de filer la soie de cet insecte. Il lut avec la même curiosité un traité sur la circulation du sang, que les Chinois ont connue de temps immémorial, sans savoir comment elle se fait.

Jusqu'au dix-septième siècle les Chinois avaient cru qu'en dehors de la Chine, il n'y avait qu'ignorance et barbarie. Ils pensaient que rien n'était plus parfait que leurs institutions, leur langue, leurs arts et leurs sciences. Parrenin sut, par ses ouvrages, leur faire concevoir une haute idée des connaissances de l'Europe, et surtout de la France. Il recueillit, dans l'estime des princes tartares, la récompense de ses travaux. Mais il n'oublia pas qu'il devait reporter sa reconnaissance aux savants français dont il avait traduit les œuvres.

Aussi un jour on reçut à l'Académie des sciences de Paris un paquet venu de la Chine, et adressé à M. de Fontenelle, secrétaire de cette société savante. C'était Parrenin qui lui envoyait son grand ouvrage en huit volumes, écrit en langue tartare. Dans la lettre qu'il avait jointe à cet envoi, il disait à Fontenelle : « Vous serez peut-être surpris que je vous envoie de si loin un traité d'anatomie, un corps de médecine et des questions de physique, écrits dans une langue qui sans doute vous est inconnue. Mais votre surprise cessera quand vous verrez que ce sont vos propres ouvrages que je vous envoie, habillés à la tartare (1). »

L'Académie des sciences fut très sensible à ce présent, qu'elle appelle « considérable et très conforme à son goût. » Elle en remercia Parrenin dans une séance publique de l'année 1726. Elle le remercia également « d'avoir porté le nom de l'Académie jusqu'à l'empereur de Chine, dans toutes les occasions qu'il trouvait de faire valoir ses travaux et ses découvertes sur des sujets qui pouvaient intéresser la curiosité de ce grand prince (2). »

Ce qui distingue le savant missionnaire dans tous ses travaux, c'est son dévouement dans l'étude des sciences, c'est la pensée généreuse d'être avant tout utile à ses semblables dans tout ce qu'il entreprend. Vertu des grandes âmes, qui ne gardent point pour elles-mêmes les dons de la

(1) Lettre de Parrenin, du 1er mai 1723, dans les *Lettres édifiantes*.

(2) Mémoires de l'Académie royale des sciences, année 1726, page 24.

Providence, qui ne cachent point la lumière sous le boisseau, mais s'empressent de communiquer leurs découvertes utiles. En envoyant son grand ouvrage tartare à l'Académie, Parrenin y joignit une collection de plantes médicinales recueillies en Chine et dont il donna la description. Il voulait faire profiter sa patrie des productions du pays qu'il habitait, et populariser en Europe l'usage de quelques plantes utiles qui y étaient à peu près ignorées. Je n'en citerai que deux; c'est d'abord la rhubarbe, déjà connue par son usage, mais dont il donna le premier une connaissance plus exacte et une description curieuse; c'est ensuite le ginseng (1), si salutaire, dit-il, pour rétablir les forces perdues par le travail ou par de longues maladies.

Parrenin connaissait la botanique de la Chine et de la Tartarie, autant que cette connaissance était possible à un Européen. Pendant ses longs voyages à la suite de l'empereur, il avait examiné les productions de ce pays, et il indique dans ses lettres les plantes et les animaux les plus remarquables qu'il a rencontrés, les uns semblables à ceux d'Europe, les autres totalement inconnus. Cette idée générale de la botanique et de la zoologie chinoise est sans doute bien incomplète. Mais elle montre que Parrenin ne laissait jamais échapper une occasion de s'instruire et de communiquer les connaissances qu'il avait acquises.

L'Académie des sciences ne pouvait que gagner à entretenir, par un tel intermédiaire, des relations d'études entre la France et la Chine. Elle voulut lui témoigner sa reconnaissance en lui envoyant la collection complète de ses Mémoires, et depuis ce temps jusqu'à sa mort, le missionnaire reçut régulièrement les ouvrages que publiait cette savante compagnie. Fontenelle lui écrivit pour le remercier. Il le fit avec cette délicatesse exquise, quoiqu'un peu maniérée, qu'il mettait dans tout ce qu'il disait. Fréret, qui composait un livre sur *l'antiquité de la chronologie chinoise*, demanda plusieurs fois des éclaircissements à Parrenin, et le cite comme autorité dans ses écrits (2).

C'est surtout avec Dortous de Mairan, directeur de l'Académie des sciences et l'un des quarante de l'Académie française, que Parrenin eut la

(1) La variété de gin-seng qu'envoie Parrenin se nomme en chinois *hia-tsao-tom-cham*, c'est-à-dire herbe en été et ver en hiver, parce qu'en hiver cette plante prend absolument la figure d'un ver de couleur jaunâtre. Mais M. de Réaumur a montré que c'est vraiment un ver qui s'attache à la plante, et qu'il faut distinguer les deux substances. (Voir les Mémoires de l'Académie, 1726.)

(2) Mémoires de l'Académie des inscriptions, etc., tome XXIII, page 397, et tome XXIX, page 479.

correspondance la plus suivie. Elle dura de 1723 à 1740. Leurs lettres ont été publiées (1), et rien n'est plus curieux que ces discussions pacifiques entre deux hommes également habiles, et s'écrivant, à 6,000 lieues de distance, sur toutes les questions qui intéressaient alors le monde savant. Astronomie, histoire, politique, morale, beaux-arts, linguistique, mathématiques, etc., il n'est aucune branche des connaissances humaines avec laquelle ils ne soient familiers, et ils semblent réunir cette universalité de connaissances que Leibnitz avait rêvée comme le type du savant accompli. « Ce qui paraît inconcevable, dit un biographe de Parrenin (2), c'est qu'il n'est aucun genre de sciences sur lesquelles il n'ait écrit considérablement, pour satisfaire aux questions des étrangers, de l'empereur, des princes et des savants de la cour où il vivait. Ce qui se comprend plus difficilement encore, c'est qu'il ait trouvé le temps de s'appliquer à tant de sortes d'études, étant constamment attaché à la suite de l'empereur. »

Mais Parrenin nous donne lui-même, dans une de ses lettres, l'explication de ce problème. « J'ai toujours été, dit-il, à la suite du prince les dix-huit dernières années de sa vie ; et comme entre Pékin et le lieu de la grande chasse il a fait bâtir plus de vingt maisons de plaisance, et qu'il s'arrêtait près de trois mois à celle de Ge-ho pour éviter les chaleurs, j'y continuais mes études avec le même secours de livres que si j'eusse été à Pékin (3). » C'est ainsi qu'il utilisait pour le travail le temps que les autres suivants de la cour donnaient au repos et au plaisir. Il débrouillait la chronologie des Chinois, étudiait leurs annales et traduisait leurs chroniques. Il était du nombre de ceux qui soutenaient la haute antiquité de cette nation, et pour éclairer les recherches curieuses que Mairan faisait sur ce sujet, il traduisit pour lui une histoire des premiers temps de la monarchie chinoise (4).

On sent en lisant les lettres de Parrenin qu'il aime cette nation, au

(1) Les lettres de Parrenin sont imprimées la plupart dans la collection des *Lettres édifiantes*, de 1723 à 1740. Celles de Dortous de Mairan ont été publiées par lui en un vol. in-12 qui a eu deux éditions.

(2) Le P. Renaud prononça le 10 décembre 1753, à l'Académie de Besançon, un éloge du P. Parrenin. Ce discours se trouve dans le recueil manuscrit des travaux de l'ancienne Académie, tome Ier, à la bibliothèque de Besançon. Il a été imprimé en 1855 dans les *Précis historiques* que les jésuites publient à Bruxelles. Tiré ensuite à part, il forme une brochure in-8°, qui comprend encore une notice historique inédite sur Jean-Denis Attiret, peintre missionnaire en Chine, né à Dole en 1702.

(3) Lettre du 1er mai 1723.

(4) Lettre du 11 août 1730.

milieu de laquelle il a vécu si longtemps. Il l'apprécie avec impartialité et la défend contre les attaques injustes de ceux qui lui attribuent des crimes et des ridicules dont elle est exempte. Il en connaît tous les usages; il en a vu les principaux monuments, et les décrit en observateur habile. Il a lu les historiens nationaux de ce pays singulier, et, tout en reconnaissant leurs erreurs, il rend hommage à leur sincérité. Rien de ce qui concerne la littérature et la philosophie chinoise ne lui est étranger. Il sait que rien sans doute ne peut être comparé à la morale chrétienne ; mais il n'en étudie pas moins attentivement les livres sacrés des idolâtres, et il envoya à l'Académie des sciences les fameux King, ou traités philosophiques de Confucius, en six tomes, avec une courte explication du texte sacré (1). Cet envoi était accompagné d'un grand nombre de curiosités scientifiques, et de plusieurs volumes de mathématiques, d'architecture, de perspectives, de machines, etc., imprimés à Pékin par les soins des missionnaires. Parrenin voulait montrer aux savants français comment les arts et les sciences de l'Europe devenaient, dans l'extrême Orient, les auxiliaires de la parole évangélique. Mairan le remercia, au nom de l'Académie, de la façon la plus flatteuse (2). « Parmi tant de grâces dont je vous suis redevable, lui dit-il, il n'y en a point de plus grande que le sacrifice de ces moments précieux que vous avez bien voulu donner à la solution de mes doutes. Mais ce qui serait un travail pour un autre n'est apparemment pour vous qu'un délassement. »

En effet, Parrenin écrivait avec une facilité extraordinaire. « Je laisse, dit-il, courir librement ma plume sur tous ces sujets. » Cet homme, qui vivait depuis longtemps au milieu d'une cour tartare, qui en parlait l'idiome tous les jours, n'a cependant rien oublié de la langue de la patrie. Il en connaît toutes les délicatesses, en manie toutes les formes avec une aisance qui n'hésite jamais, avec une lucidité qui n'admet que les termes les plus justes. Son style, quelquefois élevé, porte toujours ce cachet de bon goût qu'il avait puisé dans l'étude des grands écrivains. Quand il critique les usages et les opinions des Chinois, il le fait avec cet air de bonhomie malicieuse qui est un trait caractéristique des montagnes où il est né, et qu'il garda toujours comme son certificat d'origine franc-comtoise. J'en citerai seulement un exemple :

Il avait montré dans une de ses lettres que l'étude de l'astronomie n'est pour les Chinois qu'une affaire de routine, et qu'ils se soucient

(1) Lettre du 28 septembre 1735.

(2) Lettres de de Mairan, du 27 septembre 1732, et du 22 octobre 1736.

fort peu d'y faire de nouvelles découvertes. Il raconte à ce propos qu'à l'avènement de l'empereur Kien-long on savait que, huit jours après, devait avoir lieu une éclipse de soleil : « Les mathématiciens chinois, dit-il, furent chargés de l'observer sur la tour avec les missionnaires. Mais ce jour-là le ciel se couvrit de nuages, et les savants de la Chine se réjouissaient de n'avoir rien vu. Ils allèrent bien contents en rendre compte au nouvel empereur, en le félicitant que le Ciel, pour récompenser sa piété et ses autres vertus, lui avait épargné le chagrin de voir le soleil éclipsé (1). »

C'est ainsi que Parrenin, qui aimait le peuple chinois, à la conversion duquel il avait voué son existence, n'en cachait pas cependant les imperfections et les ridicules. Il l'avait vengé d'injustes attaques. Mais il ne dissimula jamais le servilisme de cette nation, où il faut toujours applaudir devant le despotisme impérial. En nous retraçant le tableau de cet esclavage intellectuel et moral des Chinois, il nous fait aimer encore plus cette civilisation européenne, fruit du christianisme, où les peuples savent au moins garder leur dignité personnelle et la liberté de leur âme. C'est ce défaut de liberté qui arrête en Chine tout progrès dans les sciences et les arts. Car le progrès est impossible chez un peuple où les innovations les plus utiles sont regardées comme un manque de respect pour les maîtres et pour les ancêtres. Cette activité de l'esprit, qui a amené tant de découvertes chez les peuples européens, serait un crime aux yeux du gouvernement chinois. C'est ce que démontre Parrenin en nous rappelant qu'en Chine l'étude des mathématiques a pour but principal, depuis bien des siècles, de rédiger le calendrier de l'empire, c'est-à-dire de faire des almanachs. Il n'hésite pas davantage à nous dévoiler ce qu'il y a de honteux et de criminel dans certaines coutumes de ce peuple, qui, à côté d'un respect idolâtre pour les ancêtres, se livre universellement à la pratique de l'infanticide. Le savant missionnaire ne raconte que ce qu'il a vu et constaté lui-même, et il se moque agréablement de ces relations fantastiques sur la Chine, écrites par des voyageurs qui en ont à peine touché les côtes et qui n'ont visité cet immense pays que du haut de la proue de leur vaisseau. La position qu'occupait Parrenin à la cour le mettait à même de connaître la société chinoise. L'empereur l'avait élevé à la dignité de grand mandarin. Il lui avait confié la direction du collége des jeunes Mandchoux. Le missionnaire y instruisait les enfants des princes tartares, qui étaient curieux d'apprendre le latin et les sciences

(1) Lettre du 28 septembre 1735.

d'Europe (1). Il l'avait nommé membre du tribunal des mathématiques, et tous les jours Parrenin se rendait à l'observatoire élevé dans le palais des empereurs, pour y étudier l'état du ciel et rédiger ses observations astronomiques (2). Aussi il jouissait d'une grande autorité auprès des princes aussi bien qu'aux yeux du peuple, et les beaux esprits de Pékin, qui le savaient habile, aimaient à discuter souvent avec lui. Parrenin trouvait dans les données les plus élémentaires de la physique de quoi étonner ces savants chinois. Un jour il émerveilla les docteurs du Céleste Empire en faisant devant eux glacer de l'eau sur un brasier. Cette expérience si simple lui attira une admiration universelle, et il raconte cette aventure avec la naïveté malicieuse d'un homme supérieur qui employait des jeux d'enfants pour amuser un peuple encore dans l'enfance de la science. Mais en tout cela il avait un but plus noble qu'une vaine parade de savoir. Il voulait faire sentir aux Orientaux la supériorité de la civilisation européenne, et se ménager ainsi les moyens de leur faire accepter plus facilement les enseignements de l'Evangile. « Car quand il s'agit, nous dit-il, de prêcher aux grands et aux lettrés de cette nation, on ne réussit pas d'ordinaire en débutant par les mystères de notre religion.... Il faut s'accréditer dans leur esprit par la connaissance des choses naturelles, qu'ils ignorent pour la plupart et qu'ils sont curieux d'apprendre (3). »

Aux yeux de Parrenin le savant devait être l'auxiliaire de l'apôtre. Instruire l'esprit pour rendre l'âme meilleure et faire servir toutes les connaissances à la gloire de Celui qui s'est appelé le Dieu des sciences, telle était la manière dont il concevait sa mission. C'est pour accomplir cette mission sublime qu'il avait sacrifié sans réserve les espérances d'un brillant avenir en Europe. Mais la France ne perdait rien du fruit de ses études, car Parrenin ne l'oubliait pas. Pendant les quarante-trois ans qu'il passa à la cour de Pékin, il ne cessa de correspondre avec les savants de son pays. Il discuta avec eux, d'une façon toujours intéressante, les questions les plus controversées sur l'origine et l'histoire des peuples asiatiques. Il combattit l'opinion de Mairan, qui soutenait que la Chine et la Haute-Asie ont été peuplées par des colonies

(1) Mémoire sur l'état de la Chine en 1738, dans les *Lettres édifiantes*, tome IV. — CRÉTINEAU-JOLY, *Histoire de la compagnie de Jésus*, t. V, p. 78.

(2) Dans ses lettres à de Mairan, Parrenin communique à l'Académie des sciences le résultat de ces observations faites à la tour de Pékin.

(3) Lettre du 28 septembre 1735.

égyptiennes. Pour réfuter l'opinion de ce savant, Parrenin lui envoya six tomes d'anciens caractères chinois, afin de lui démontrer, par des preuves matérielles, qu'il n'y a nul rapport entre l'ancienne écriture chinoise et les hiéroglyphes de l'Egypte (1).

Je serais trop long si je voulais énumérer tous les sujets curieux que le savant missionnaire développe dans ses lettres. On s'étonne de rencontrer une érudition si variée et si étendue dans un homme absorbé d'ailleurs par les travaux apostoliques. Ses amis de France lui adressaient chaque année une foule de questions auxquelles il répondait par de longs Mémoires. Dortous de Mairan entretint avec lui des relations suivies et auxquelles le public savant s'intéressait vivement, car quand Mairan publia sa correspondance avec Parrenin, l'édition en fut promptement épuisée, et l'on dut en faire une nouvelle en 1770. Ce célèbre académicien n'hésite pas à en reporter le principal mérite au missionnaire. « Tout ce que mes lettres ont de plus intéressant pour le public, dit-il, c'est de lui avoir valu les savantes réponses que le P. Parrenin y a faites (2). » C'est à lui qu'il attribue l'honneur d'avoir contribué en grande partie à faire connaître à l'Europe l'histoire de ces régions orientales, si peu connues jusqu'alors (3). « Je ne serai pas étranger à la Chine, lui écrivait-il, si je puis la voir d'après des yeux aussi éclairés que les vôtres (4). » En effet, Parrenin ne négligeait rien de ce qui pouvait faire apprécier le peuple auquel il avait consacré sa vie, et ses lettres sont pleines de détails curieux sur la population de la Chine, sur sa chronologie, ses sciences, ses monuments, ses inscriptions, ses arts singuliers, son architecture colossale, son commerce immense favorisé par des fleuves majestueux, etc.

Dans le temps même où ces deux hommes éminents discutaient ainsi des extrémités les plus reculées du monde avec autant de politesse que de savoir, et s'éclairaient mutuellement par les recherches qu'ils avaient faites ou les choses qu'ils avaient vues, l'Académie des sciences était occupée de grandes mesures géographiques. Elle avait envoyé ses astronomes dans la zone torride, au Pérou, et dans la Laponie, sous la zone

(1) Lettre du 20 septembre 1740.

(2) Lettres de Dortous de Mairan au P. Parrenin, 1 vol. in-12. Les réponses de Parrenin sont publiées en grande partie dans les *Lettres édifiantes*. De nombreux documents fournis par le missionnaire sur la chronologie chinoise ont été fondus par Duhalde dans le 1er volume de sa description de la Chine.

(3) Lettre de de Mairan du 29 septembre 1742.

(4) Lettre de de Mairan du 14 octobre 1728.

polaire, pour déterminer d'une manière exacte la figure de la terre, et vérifier si notre globe est un sphéroïde aplati vers les pôles, comme l'avait enseigné Newton. Parrenin fut consulté sur ces questions, qui agitaient alors les savants d'Europe. L'Académie des sciences le chargea de faire exécuter à la Chine les expériences du pendule et lui envoya dans ce but les mesures et instruments nécessaires. Malheureusement cet envoi se perdit en route, et le missionnaire ne put répondre au désir de ses compatriotes. Mais ce témoignage rendu à sa science témoignait assez du cas que l'on faisait de lui en France (1).

Aussi Voltaire n'a pu se dispenser de faire son éloge et de l'inscrire parmi les grands hommes du siècle de Louis XIV, en louant l'étendue de ses connaissances et la sagesse de son caractère (2). Chateaubriand lui rend le même hommage. « Il faut lire, dit-il, d'un bout à l'autre ces lettres de Parrenin, où respirent ce ton de politesse et ce style des honnêtes gens presque oubliés de nos jours (3). » A ces témoignages ajoutons encore celui d'un homme éminent de notre temps. M. Villemain disait, dans la séance publique de l'Académie française, le 30 août 1855 : « Les *Lettres édifiantes*, ce recueil célèbre tant admiré de Montesquieu, ne renferment rien de plus historiquement original que les nombreux volumes consacrés aux missions de la Chine, et, parmi tant de noms célèbres dont s'honore l'érudition française, elle compte peu d'hommes aussi éminents que ces religieux, mathématiciens, astronomes, polyglottes, peintres, artistes, diplomates, qui, bravant tous les périls par la foi, désarmant les préjugés par leurs pieuses adresses, étaient parvenus à siéger parmi les mandarins de la Chine pour, de là, correspondre avec l'Académie des sciences de Paris, et satisfaire aux questions curieuses de Fontenelle et de Mairan. Devant la vie et les travaux de ces hommes, des PP. Gerbillon, Tachard, Parrenin, etc., l'Europe savante s'était inclinée et avait reconnu un titre de plus à la France (4). »

Et cependant, l'auréole de science qui entourait le nom de Parrenin était sa moindre gloire. Le monde avait admiré en lui des trésors d'érudition et des connaissances aussi variées que profondes. Mais l'Eglise admirait et bénissait en lui le missionnaire catholique, dévoué sans réserve au salut des âmes, et inspirant à la fois, comme dit Chateaubriand, par

(1) Troisième lettre de de Mairan, du 22 octobre 1736.

(2) *Siècle de Louis XIV*, chapitre 39.

(3) *Génie du Christianisme*, 4e partie, chapitre III.

(4) Rapport de M. Villemain sur les concours de l'année 1855, à propos du tableau de l'empire chinois par M. Huc.

ses mœurs et son savoir, une profonde vénération pour son Dieu, et une haute estime pour sa patrie. Ce sont ces dévouements du missionnaire que je voudrais vous faire admirer dans votre illustre compatriote.

II.

Parrenin avait passé quarante ans à glorifier la science par des travaux considérables. Il avait étonné ses compatriotes par sa vaste érudition. Sa carrière était bien remplie et ses ouvrages auraient pu suffire à la réputation d'un autre écrivain. Mais avant tout Parrenin était apôtre, et ce que je vous ai raconté de lui n'est que la moindre partie de ses œuvres. La gloire humaine n'était pour lui que le moyen d'arriver à la conquête des âmes. La science était à ses yeux une chose noble et grande, parce qu'elle pouvait servir à faire aimer la vertu et à rendre les hommes meilleurs. Dieu et le salut de l'humanité passaient avant tout le reste, et c'est à cette œuvre que nous allons le voir maintenant appliquer toutes les ardeurs de son zèle.

Quand Parrenin arriva en Chine, le christianisme y était florissant, sous la protection du grand empereur Kang-hi. Ce prince, sans se séparer lui-même du paganisme, favorisait ostensiblement une religion dont il comprenait la sainteté et dont il estimait les ministres. Une église s'élevait dans son palais : les jésuites y créèrent une congrégation où toutes les œuvres de bienfaisance, de zèle et de piété se développèrent (1). Cependant cette prospérité de la mission avait son revers. Les Chinois, en devenant chrétiens, restaient attachés à certaines coutumes nationales, et continuaient, après leur conversion, à rendre un culte traditionnel à Confucius et aux ancêtres. Ce culte, dans l'origine, était une fête purement civile. Mais le peuple y mêlait quelquefois des usages idolâtriques, et il semblait aux missionnaires aussi difficile de les tolérer que de les abolir. Les Jésuites procédaient avec douceur à l'égard de ces rites nationaux, s'efforçant de les retrancher peu à peu, en y substituant des cérémonies chrétiennes. Cette prudence leur fut imputée comme un crime, et on les dénonça au saint-siége comme coupables de tolérer l'idolâtrie (2). De vives discussions s'élevèrent à ce sujet, non-seulement en Chine, mais encore en Europe, et c'est alors que les jésuites de Pékin adressèrent à la cour de Rome un Mémoire où était exposé le sens véritable des céré-

(1) Crétineau-Joly, *Histoire de la compagnie de Jésus*, t. V, p. 54.

(2) Ibid., page 56.

monies chinoises. Parrenin fut un des missionnaires chargés de rédiger cette exposition (1). La cour de Rome, toujours prudente, et voulant éviter une funeste condescendance et des rigueurs dangereuses pour les missions, envoya des légats en Chine pour y faire un examen approfondi de cette question. Dans toute cette affaire, Parrenin sut toujours se conduire avec prudence et éviter également les excès du zèle et une indulgence trop facile. Il ne prit aucune part aux divisions qui agitèrent les différentes missions de la Chine, et à la mort du P. Gerbillon, qui avait toute la confiance de l'empereur, c'est Parrenin qui le remplaça dans la faveur du prince (1707) (2).

Parrenin était avant tout un esprit pratique. Au lieu d'user son activité à des discussions dangereuses, il n'employa son crédit à la cour que pour étendre le règne de Dieu. Kang-hi l'avait chargé de faire, avec d'autres Pères, la carte de l'empire. Il profita de cette occasion pour prêcher Jésus-Christ dans tous les bourgs et villages où il passait. Pendant le jour il travaillait à lever des plans, le soir il réunissait les plus considérables des habitants, passait une partie de la nuit à les instruire et les amenait à embrasser la foi chrétienne (3). Quand il avait ainsi jeté la semence évangélique sur une terre bien préparée, il confiait la culture de ce nouveau champ à des catéchistes chinois qu'il formait lui-même. Il composa pour eux, dans la langue tartare, des livres d'instruction religieuse qui contribuèrent merveilleusement à la propagation de la foi, et il se plaît à raconter le zèle que ces catéchistes déployaient, pour la conversion de leurs compatriotes, dans quatre missions qu'il avait fondées (4).

Le pieux missionnaire eut bientôt l'occasion de donner une plus grande extension à son zèle. En 1710, il accompagnait l'empereur en Tartarie. Quand il arriva dans la ville de Coupe-Keu, quarante soldats qui gardaient le passage de la grande muraille lui demandèrent le baptême. Il les instruisit dans les mystères de la foi, les baptisa et leur laissa un catéchiste

(1) Brevis relatio eorum quæ spectant ad declarationem Sinarum imperatoris Kam-hi circa cœli, Confucii et avorum cultus, etc. Les Pères qui prirent part à cet ouvrage avec Parrenin sont les PP. Thomas, Grimaldi, Pereyra, Gerbillon, Bouvet, Suarez, Stumpf, Regis et Pernoti. — Ce volume fut imprimé à Pékin en 1701, avec des planches de bois. Parrenin en a envoyé lui-même un exemplaire à la bibliothèque de Besançon.

(2) Lettre du P. Souciet, 1707.

(3) Lettre du P. Gerbillon, de 1705.

(4) Lettre de Parrenin, de 1710. Dans l'une de ces missions, à Yung-Ping-Fou, on baptisa 80 adultes dans l'année 1710.

pour les soutenir dans leur croyance. C'était là le noyau d'une mission qui devait être florissante. Mais les œuvres de Dieu ne s'affermissent qu'au milieu des épreuves. Les nouveaux convertis de la grande muraille furent bientôt persécutés par les idolâtres. Parrenin l'apprend ; ses entrailles paternelles sont émues, et il accourt aussitôt auprès d'eux pour les consoler. Il les trouve animés de la ferveur des premiers chrétiens, et son zèle est récompensé par la conversion de vingt nouveaux fidèles. Il leur procure une maison pour la prière commune, les éclaire de ses conseils et ne les quitte que quand il les voit affermis dans la foi. Cette mission devint une des plus ferventes de la Tartarie, et Parrenin lui conserva toujours ses soins les plus affectueux. Cinq ans plus tard le nombre des chrétiens s'y était considérablement multiplié. Ces pieux néophytes se rendaient à leur église, soir et matin, pour y réciter leurs prières au son des instruments. C'était la ferveur des catacombes renouvelée dans les plaines de la Tartarie, et le grand homme qui avait fondé cette chrétienté édifiante ne manqua pas de la visiter dans les voyages qu'il fit chaque année à la suite de l'empereur.

C'est encore pendant un de ces voyages qu'il forma une nouvelle communauté dans la ville de Gé-ho-ell. Là, tout lui manquait, même un lieu convenable pour offrir le saint sacrifice. Mais la charité supplée à tout, et Parrenin se consolait de ses privations en enrichissant l'Eglise par la conquête des âmes. Quand il était de passage dans cette ville, les chrétiens venaient de toutes parts l'y trouver. Plusieurs y accouraient de plus de trente lieues. Il les accueillait avec cette charité sympathique qui lui gagnait tous les cœurs. Aussi cette mission devint florissante. Car Dieu répandait une bénédiction abondante dans tous les lieux où son apôtre prêchait la foi, et les conversions qu'il a opérées, nous dit un témoin oculaire, ont été constantes et durables (1).

Cette bénédiction qui adoucissait les fatigues de ses longs voyages, il la retrouvait encore en retournant à Pékin dans la maison des missionnaires. Les devoirs du palais ne le détournaient pas de ceux de l'apostolat. Il instruisait les néophytes, il formait les catéchistes, il recueillait les enfants abandonnés, et il nous raconte que dans une seule année il eut la consolation de voir le baptême administré, dans l'église des Pères, à huit cent neuf petits enfants, presque tous exposés dans les rues de Pékin (2).

(1) Lettre du P. Chalier, du 10 octobre 1741.
(2) Lettres de Parrenin, de 1710 et de 1715.

La part qu'il prit dans l'œuvre des missions fut immense ; des témoins authentiques assurent qu'il a procuré, lui seul, le baptême à plus de dix mille infidèles, parmi lesquels on compte plusieurs princes et un des frères de l'empereur (1). Les dignités qu'il remplissait à la cour ne lui plaisaient qu'autant qu'il y trouvait un moyen de faire triompher avec plus d'éclat les vérités chrétiennes. Il se servait de son crédit pour obtenir des recommandations en faveur des missionnaires qui travaillaient dans les provinces. Il savait en profiter aussi pour prêcher le christianisme au milieu d'une cour païenne, composée de princes et de lettrés, dont les uns devinrent ses disciples en se faisant chrétiens, et les autres restèrent toujours ses protecteurs et ses amis (2).

Ce n'était pas seulement aux grands de la cour, c'est à l'empereur lui-même qu'il trouva moyen de prêcher l'Evangile. Quand on se rappelle qu'en Chine l'empereur est tout, qu'être admis en sa présence, le voir, lui parler, est, aux yeux des Chinois, le souverain bonheur, on peut juger du crédit de notre missionnaire, qui sut gagner son affection au point de lui faire connaître et aimer Jésus-Christ. On croyait généralement que ce prince allait embrasser le christianisme. Mais, outre les motifs politiques qui pouvaient le retenir, il trouvait encore un obstacle dans ses passions, si difficiles à vaincre quand on se sent le maître absolu. Cependant, à sa dernière heure, il se souvint de tout ce que Parrenin lui avait dit de la nécessité de sauver son âme. Il le fit appeler à ce moment suprême. Mais son fils Young-Tching était loin d'être aussi favorable aux chrétiens, et le premier acte de son autorité fut d'empêcher les missionnaires d'être introduits dans le palais (3).

Cette confiance que Parrenin avait obtenue à la cour, il en jouissait également auprès de tous ses confrères dans l'apostolat. Naturellement bon et sympathique, il n'avait que des amis dans tous les autres missionnaires. Cette amitié le suivait dans ses longs voyages et le soutenait au milieu de ses fatigues. Pendant seize ans, le P. Bernard Rhodes fut le compagnon de ses travaux apostoliques en Tartarie. Ils mettaient l'un et l'autre au service de la religion toutes les connaissances qu'ils avaient apportées d'Europe. Rhodes exerçait la médecine avec distinction, et dans ces voyages de six mois où l'empereur traînait à sa suite plus de trente mille personnes, c'est Rhodes qui soignait les malades avec un

(1) Discours du P. Renaud. — Lettre du P. Chalier, de 1741.
(2) Ibid.
(3) Lettre du P. Chalier, de 1741.

zèle admirable. Parrenin, témoin du dévouement de son ami, eut la douleur de le voir succomber le 10 mars 1715. Cette perte l'affligea vivement, et il nous raconte, dans une de ses lettres, les vertus de son compagnon avec cette simplicité touchante qui est le langage de l'amitié véritable (1).

Notre illustre compatriote n'avait pas seulement une haute intelligence, mais un cœur sensible et affectueux. C'était aussi un esprit souple et insinuant, et son talent se montrait surtout dans les circonstances délicates et épineuses. Plus d'une fois c'est de ses réponses que dépendit la conservation ou la perte de la religion dans l'empire. Même sous l'empereur Kang-hi, les chrétiens furent persécutés dans les provinces. Des mandarins jaloux accusaient les Européens de vouloir s'emparer du pays, sous prétexte de religion. C'est Parrenin qui eut la gloire d'arrêter les violences dont les chrétientés chinoises étaient menacées. Il publia une longue apologie pour réfuter les accusations portées contre les missionnaires. Il fit appel à la justice de l'empereur et lui présenta un Mémoire justificatif en faveur de la religion et de ses ministres. « Nous avons renoncé au siècle, lui dit-il, pour nous consacrer à la vie religieuse, et c'est en essuyant toutes sortes de périls que nous sommes venus ici des extrémités de la terre. Nous n'avons d'autre occupation que d'exhorter les peuples à remplir exactement les devoirs de leur état, et à conformer leurs mœurs aux lois de l'empire... Nous vous supplions donc de faire savoir dans toutes les provinces que nous n'enseignons point aux Chinois une doctrine mauvaise. » — Grâce à la médiation de Parrenin et aux dispositions bien connues de l'empereur, la persécution s'apaisa (2).

Mais à la mort de ce prince, tout changea de face. La religion perdait en lui son appui et son protecteur. Yung-Tching, son fils, haïssait le christianisme, et dès l'année 1723, il le proscrivit, par un édit solennel, dans toute l'étendue de ses Etats. Les persécuteurs de l'Eglise se ressemblent à toutes les époques. Ils unissent toujours l'hypocrisie à la cruauté, et, ne pouvant reprocher à la religion chrétienne sa doctrine si pure, sa morale si sublime, ils la défigurent pour la rendre odieuse et l'accusent des crimes qu'elle condamne. Ce que les proconsuls faisaient dans Rome païenne, les mandarins le firent également en Chine. Ils accusèrent les chrétiens de vouloir renverser l'empire des Tartares et de corrompre le peuple. Les missionnaires furent chassés des provinces;

(1) Lettre de Parrenin, du 27 mars 1715.

(2) Lettre du P. de Mailla, du 5 juin 1717.

plus de trois cents églises furent détruites ou profanées, et les trois cent mille chrétiens que renfermait l'empire reçurent l'ordre de renoncer à leur foi. La religion fut calomniée comme au temps de Tertullien. Cependant on voulut bien se souvenir encore que les missionnaires résidant à Pékin avaient rendu autrefois quelques services à l'empire, et ils furent autorisés à rester dans cette ville. C'était peu de chose sans doute. Mais le meilleur moyen d'obtenir quelque liberté, c'est de profiter d'abord de celle que l'on possède. Parrenin se hâte de saisir la seule planche de salut offerte à l'œuvre des missions. Il se rend au palais, intéresse au sort des chrétiens les mandarins qui étaient restés ses amis, rappelle les ordres de l'ancien empereur qui permettaient le libre exercice de la religion. Malgré ses efforts, tout semblait désespéré ; mais la foi ne désespère jamais. L'intrépide jésuite résolut de s'adresser directement à l'empereur lui-même. Il lui fit parvenir plusieurs mémoires, et enfin il obtint qu'on suspendrait provisoirement les décrets qui expulsaient les Européens de l'empire. Quand on vint lui annoncer que le prince accordait cette faveur à ses prières, il exprima sa reconnaissance d'une façon si gracieuse que l'empereur en fut émerveillé et le fit mander aussitôt en sa présence, lui parla avec une bienveillance extrême et lui fit de vagues promesses pour l'avenir. Parrenin ne le quitta pas sans avoir pris devant lui la défense du christianisme. Il fit, pour sauver les missions, tout ce que pouvaient inspirer le zèle, le talent et la charité, et compta pour le reste sur la Providence (1).

Cette œuvre des missions chinoises, qui avait jusque-là donné de si belles espérances, était en effet bien compromise sous le nouveau règne. Les missionnaires de Pékin résolurent de rester courageusement à leur poste pour la défendre jusqu'au bout. On les repoussait comme prêtres catholiques ; ils se rendirent de plus en plus indispensables comme astronomes, mathématiciens, annalistes, géographes, médecins, peintres et horlogers (2). Ils ne craignaient ni les persécutions ni la mort, mais ils usèrent de prudence pour ne pas compromettre l'œuvre de Dieu. Parrenin surtout déploya, dans ces circonstances difficiles, une sagesse qui fit l'admiration de tous ses confrères dans l'apostolat. Son zèle s'enflammait par les obstacles mêmes qu'il rencontrait. Il nous a raconté, dans une suite de lettres admirables, un touchant épisode de cette persécution. C'est une page aussi belle que les plus belles pages des Actes des martyrs

(1) Lettre du P. de Mailla, du 16 octobre 1724.

(2) CRÉTINEAU-JOLY, *Histoire de la compagnie de Jésus*, t. V, p. 80.

des premiers siècles de l'Eglise. Permettez-moi de vous en citer seulement quelques traits. En faisant l'éloge des martyrs chinois, je ferai encore l'éloge de Parrenin, qui fut leur apôtre.

Parmi les grands seigneurs qui vivaient à la cour de Pékin, on remarquait un prince du sang des empereurs tartares, nommé Sounou. Il avait onze fils, aussi distingués par l'intelligence que par la noblesse, et appelés à remplir les plus hautes dignités de l'Etat. Sounou connaissait la loi chrétienne et l'estimait. Mais les traditions de famille, les préjugés de caste, l'ambition et le désir de garder la faveur du prince, le retinrent dans l'idolâtrie. Plus heureux et plus sages que lui, ses fils étudièrent les livres chrétiens et se convertirent. Ils étaient les amis de Parrenin, et c'est lui surtout qui contribua à les amener à la foi chrétienne. L'un d'eux était lié intimément au savant missionnaire, et dès l'année 1710, quand Parrenin suivait la cour pendant les chasses d'automne, ce prince tartare fit dresser sa tente auprès de celle du missionnaire, afin de s'entretenir souvent avec lui des choses de la foi. Ces entretiens portèrent leurs fruits. De retour à Pékin, le jeune prince communiqua à ses frères et sœurs les enseignements qu'il avait reçus (1), et dès l'année 1721 cette noble famille comptait déjà dans son sein dix membres devenus chrétiens. Plusieurs d'entre eux sacrifièrent les espérances d'un brillant avenir pour servir plus librement Jésus-Christ; Parrenin éclairait leur esprit et soutenait leur courage. Il composa pour eux, en langue tartare, un livre d'instruction et de prière. Ces princes lui donnaient le nom de père et lui témoignaient une profonde vénération, parce qu'ils ne pouvaient trop honorer, disaient-ils, des hommes qui avaient eu le courage de tout sacrifier pour venir leur procurer la vie de l'âme.

Mais Dieu réservait à ces fervents néophytes de rudes épreuves, et au savant religieux une occasion d'exercer son zèle envers eux. En 1723, la famille de Sounou fut particulièrement en butte aux persécutions du nouvel empereur. Toute cette illustre maison fut exilée à soixante lieues de la capitale. Avant leur départ, Parrenin alla les visiter, et il ne put retenir ses larmes en les entendant discourir sur le bonheur de la foi et sur la gloire du martyre. C'était une scène des premiers siècles de l'Eglise. C'étaient, dit Parrenin, des saints qui parlaient de Dieu avec une éloquence toute divine. Enfin ils partirent pleins de courage, au nombre de soixante, suivis de trois cents domestiques, dont la plupart

(1) Il composa même un résumé des preuves du christianisme qui a été publié dans les *Lettres édifiantes*.

avaient reçu le baptême. Parrenin ne les oublia pas. Il entretint avec eux une correspondance que les obstacles rendaient plus intéressante encore. Il put leur envoyer de temps en temps quelque prêtre chinois déguisé en petit marchand, pour les consoler dans leur exil. Il en reçut des lettres touchantes, et il en envoya les originaux en Europe, où l'on pourra, dit-il, les conserver comme des monuments de leur piété.

En 1726, ces princes chrétiens furent arrachés de leur exil et jetés dans les prisons de Pékin. Parrenin put encore communiquer avec eux par des serviteurs fidèles. Bientôt on les envoya, chargés de chaînes, dans les différentes provinces de l'empire. Quand ils partirent pour ce nouvel exil, un missionnaire se plaça sur le chemin qu'ils devaient suivre et leur donna au passage, comme un dernier adieu, l'absolution qu'ils avaient demandée. L'empereur n'osait les faire mourir, parce qu'il sentait bien que leur mort serait leur triomphe. Mais à défaut de leur sang, l'exemple de leur constance enfantait de nouveaux chrétiens. Ils devinrent apôtres dans les fers, et ils eurent le bonheur de convertir plusieurs idolâtres que leur courage avait gagnés à Jésus-Christ.

Les vertus de ces généreux chrétiens étaient l'œuvre de Parrenin, après celle de Dieu, et il voulut être leur historien après avoir été leur apôtre. Il faut lire dans ses lettres admirables le récit qu'il nous a laissé de leur fidélité dans les souffrances (1). C'est un des tableaux les plus touchants de l'histoire de l'Eglise dans ces régions reculées de l'Orient.

Enfin, après douze ans d'exil, le sort de ces princes fut adouci. A la mort de Yung-Tching, en 1735, ceux qui survivaient furent rappelés à Pékin. Mais on ne leur rendit pas leurs biens confisqués. Ils furent toujours les pauvres de Jésus-Christ, heureux d'avoir été jugés dignes de souffrir pour son nom.

Au milieu d'une persécution si violente, les missionnaires de Pékin restaient à l'abri de toute poursuite, grâce à la considération que leur donnait à la cour leur réputation de savants. Quelquefois même l'empereur les admettait en sa présence, leur faisait servir par ses eunuques des tables couvertes de mets, s'entretenait familièrement avec eux et les congédiait en leur distribuant des présents. Parrenin obtint de lui une faveur extraordinaire dans ces circonstances critiques. Il fit admettre à

(1) Ces lettres ont été réunies en un volume sous ce titre : *Les Héros chrétiens, ou Lettres du P. Parrenin sur une famille de princes tartares convertis à la foi*. Lyon, Rusand, 1830, in-12, 442 p. Extrait des *Lettres édifiantes*, précédé d'une Notice sur le P. Parrenin.

la cour de nouveaux missionnaires (1), et l'empereur lui fit dire gracieusement qu'il était bien aise de lui faire plaisir en lui accordant ce qu'il souhaitait. Ce prince ajouta même qu'il comptait Parrenin au nombre de ses amis, parce qu'il avait reconnu de tout temps qu'il avait un bon cœur et de grands talents pour le servir (2). Mais le missionnaire sentait bien que ces faveurs n'étaient qu'affaire de bienséance, et ce qu'il désirait avant tout, c'était moins de grâces pour lui-même et plus de justice pour la religion qu'il prêchait (3).

Cette justice, il l'invoquait à chaque instant pour les missions des provinces, que les mandarins ne cessaient de persécuter. C'est lui qui prenait la défense des chrétiens, et grâce aux relations qu'il avait conservées à la cour, où il continuait à remplir les fonctions de grand mandarin, il détourna plus d'une fois les orages prêts à éclater sur les chrétientés de l'empire. L'église des Jésuites, bâtie dans l'enceinte même du palais, continuait à recevoir les fidèles de la capitale; Parrenin y baptisa un grand nombre d'adultes et d'enfants. Il visitait même encore, malgré tous les obstacles, les missions des campagnes, et il nous raconte dans ses lettres comment il trouva moyen de ménager à plusieurs familles chrétiennes un asile où elles furent à l'abri de la persécution. Il y avait dans la province de Hon-Quang une vallée formée par deux montagnes presque inaccessibles. Parrenin fit acheter ce terrain, y envoya des catéchistes habiles, fit distribuer les terres à des familles chrétiennes, et désigna un Père jésuite pour gouverner cette mission, qu'il appelle les Cévennes de la Chine. Dieu bénit ce nouvel établissement fondé au milieu des orages, et en 1731, on y voyait réunis six cents chrétiens fervents avec une école et une maison pour le missionnaire (4).

Ainsi s'écoulait la vie de cet homme si prodigieusement actif, si ardemment dévoué à la science et à la religion. Il était alors supérieur de la mission française. Mais il sentait ses forces diminuer, et l'avenir qu'il prévoyait pour le christianisme en Chine attristait sa vieillesse. Il voulut encore profiter de son influence pour introduire à la cour de nouveaux missionnaires. Deux jésuites arrivant d'Europe venaient de débarquer à Macao (5). Les décrets leur défendaient de pénétrer dans l'empire. Par-

(1) Les PP. Lacharme et Chalier, en 1728. Voyez CRÉTINEAU-JOLY, *Histoire de la compagnie de Jésus*, t. V, p. 77 et 78.

(2) Ibid. Fac-simile de la lettre du P. Goubil.

(3) Lettre de Parrenin, du 26 septembre 1727.

(4) Lettre de Parrenin, du 15 octobre 1734.

(5) Les PP. Roussel et Fourneau.

renin demanda à l'empereur la permission de les faire venir à la cour pour l'aider dans sa vieillesse. « Ils sont jeunes, lui dit-il, et gens de lettres ; je leur enseignerai le tartare et le chinois, pour les mettre en état de servir Votre Majesté. » L'empereur accéda à sa demande, et la mission de Pékin compta deux apôtres de plus pour le temps où la liberté serait rendue à l'Eglise (1).

Ce temps parut enfin être arrivé en 1735. L'empereur Yung-Tching mourut, et dans les premières années du règne de Kien-long la persécution s'apaisa. Mais elle se réveilla deux ans après, et alors, comme toujours, Parrenin fut le premier sur la brèche pour défendre la religion chrétienne. Le nouvel empereur était aimé de son peuple. Il montra de la bienveillance pour les missionnaires et surtout pour notre célèbre compatriote, qu'il consultait volontiers sur tout ce qui concernait les sciences et les arts. Mais les décrets de proscription publiés par son prédécesseur subsistaient toujours. Les mandarins en firent même rédiger de nouveaux qui proscrivaient le christianisme, tout en accordant une protection dérisoire aux missionnaires de Pékin, « parce que, disait-on, ils étaient habiles dans les sciences et dans les mathématiques. » Ces rigueurs firent éclater encore des traits admirables de vertu. On vit se renouveler des scènes qui rappelaient le courage de la mère des Machabées. Alors Parrenin fit parvenir à l'empereur un mémoire où il justifiait la religion chrétienne contre toutes les accusations de ses ennemis. Il fit en même temps devant le grand maître du palais une éloquente apologie du christianisme, et il réclama pour les chrétiens la liberté de conscience. C'était là une liberté bien inconnue dans un pays comme la Chine. Mais le saint jésuite puisait dans son âge, dans son expérience et ses longs services, le droit de tout dire, et quand il eut noblement vengé ses co-religionnaires des calomnies de leurs ennemis, il en appela à la justice et à la générosité de l'empereur. Malgré tant de talent et de vertu, il ne put obtenir que des promesses vagues, et il fallut bien s'en contenter.

Heureusement Dieu a ses instruments partout, et les beaux-arts furent cette fois les intermédiaires de l'apostolat. Les Jésuites avaient dans leur compagnie des peintres venus d'Europe pour décorer les appartements de l'empereur. L'un deux, le frère Castiglione, jouissait à la cour de Pékin d'une grande considération. Parrenin, voulant augmenter la bonne idée qu'on avait de sa nation, écrivit en France pour demander

(1) Lettre du P. Parrenin, du 29 octobre 1734.

encore un peintre habile. Par une heureuse coïncidence, on lui envoya un compatriote, un Franc-Comtois dont le talent s'était révélé par des œuvres remarquables. C'était le frère Attiret, né à Dole en 1702, qui rendit à la mission française de Pékin de si éminents services (1). Attiret et Castiglione travaillaient tous les jours à décorer le palais de l'empereur, et ce prince venait souvent les visiter, s'asseoir auprès d'eux et assister à leur travail. Un jour Kien-long entra dans l'appartement où travaillait le frère Castiglione. Celui-ci quitte tout à coup son pinceau, et, prenant un air de tristesse, se jette aux genoux de l'empereur, lui remet un Mémoire que Parrenin avait rédigé, et lui exprime la douleur qu'il ressent de voir notre sainte religion condamnée par un prince tel que lui. Kien-long aimait Castiglione. Il le fit lever et lui promit d'examiner cette affaire. Quelques jours après Parrenin fut mandé au palais. Il plaida, devant les seigneurs de la cour, avec autant d'habileté que d'énergie en faveur de la liberté religieuse, et dès ce jour l'empereur défendit d'afficher dans les villes de l'empire aucun décret contre la religion chrétienne. Quand le bruit de cette entrevue se fut répandu dans le public, la persécution fut assoupie et les missionnaires purent espérer des jours meilleurs (2).

Vous le voyez, il fallait toujours être sur la brèche, et Parrenin était un des plus intrépides soldats dans cette mêlée perpétuelle avec les ennemis de la foi. Aussi je ne m'étonne pas d'entendre ses confrères dans l'apostolat déclarer que c'est lui qui sauva la religion en Chine à cette époque si périlleuse pour les missions. Il savait surmonter tous les obstacles par son courage et sa prudence, et Dieu seul, qu'il avait en vue dans toutes ses actions, donnait du succès à tout ce qu'il entreprenait.

Je vous ai montré dans ce grand homme le savant et le missionnaire. Je pourrais vous montrer encore en lui le diplomate. Car il a été tout cela à la fois, et toujours avec succès. Sa charité savait prendre toutes les formes, et son dévouement n'hésitait jamais, dès qu'il voyait quelque œuvre utile à entreprendre. C'est à lui qu'on recommandait les Européens qui se rendaient en Chine (3). Ses manières affables, sa facilité d'élo-

(1) Une notice inédite sur le Fr. Attiret, écrite par le P. Amyot, jésuite, a été publiée en 1856 dans les *Précis historiques de Bruxelles*. Elle renferme de curieux détails sur ce peintre missionnaire. C'est à Attiret que nous devons le portrait authentique du P. Parrenin, envoyé de Chine aux jésuites de France et gravé dans le recueil des *Lettres édifiantes*.

(2) Lettre du P. Parrenin, du 22 octobre 1737. — Mémoire sur la persécution de 1737, dans les *Lettres édifiantes*.

(3) De Mairan lui adressa un jeune peintre français nommé Lorain. « J'ai pris, dit-il,

cution, sa connaissance de la langue tartare et son crédit auprès du prince, l'avaient rendu l'intermédiaire habituel de ceux qui avaient quelque affaire importante à traiter à la cour. Il y fut constamment l'interprète des étrangers, des missionnaires, des légats du souverain pontife et des ambassadeurs venus d'Europe, et il remplit toujours cet emploi à la satisfaction de tous. Il eut surtout à exercer son crédit dans deux circonstances importantes que je ne saurais passer sous silence. Dès l'année 1689, le czar de Russie et l'empereur de Chine se disputaient les limites des deux empires. Comme la paix importait à l'un et à l'autre, on convint de tenir une conférence à Nipchou en Moscovie. Deux jésuites, les PP. Gerbillon et Pereyra, furent envoyés au czar comme ambassadeurs du Céleste Empire, et ils furent assez heureux pour faire accepter à la Russie les conditions de la paix (1). Ce traité de Nipchou eut d'heureux résultats. Mais dans le siècle suivant de grandes difficultés s'élevèrent encore entre les deux peuples. Au moment où la lutte était sur le point d'éclater, de nouvelles conférences s'ouvrirent au nom du czar Pierre le Grand et de l'empereur Kang-hi. Cette fois ce fut Parrenin qui servit d'intermédiaire entre les Russes et les Chinois. Il sut se rendre agréable aux deux monarques, et contribua puissamment à prévenir la guerre qui allait s'engager. Il rédigea lui-même en tartare et en latin un nouveau traité dont les conditions, également avantageuses aux deux peuples, eurent l'approbation générale. Le czar chargea son ambassadeur en Chine de témoigner sa reconnaissance à Parrenin et lui adressa en présent des fourrures et d'autres objets précieux. Pierre le Grand mourut en 1724. Mais Parrenin n'en continua pas moins ses services envers les sujets de l'empire moscovite, et les deux czarines qui se succédèrent sur le trône de Russie, lui firent encore exprimer leurs remerciements par les ambassadeurs qu'elles envoyaient à Pékin. En 1727, c'est le comte Sava-Ouladislavisch qui est chargé de s'acquitter de ce devoir, et de transmettre à Parrenin les éloges que l'impératrice Catherine lui adresse pour sa sagesse et son habileté dans les affaires (2).

La même année, l'ambassadeur de Portugal, dom Alexandre Metello, fut

un vif plaisir à lui, en le considérant comme un homme qui allait bientôt avoir le bonheur de vous voir, de vous entendre, de vous parler. J'ai pris de l'amitié pour lui, tout jaloux que je suis de son sort. » (Lettre de de Mairan, de 1736.)

(1) Traité du 3 septembre 1689. Voyez les nouveaux Mémoires sur la Chine, par le P. Gobien, t. III, p. 196.

(2) Notice sur le P. Parrenin, dans la Bibliothèque des écrivains de la compagnie de Jésus, par les Pères de Bucker ; Bruxelles, etc.

envoyé à Pékin pour complimenter l'empereur Yung-Tching sur son avènement au trône et le prier de prendre sous sa protection les habitants de Macao. Dans cette circonstance délicate il fallait ménager la susceptibilité ombrageuse des Chinois et en même temps relever la majesté du titre d'Européen. Nul ne parut plus capable que Parrenin de s'acquitter de cet office, et c'est lui qui fut choisi pour servir d'interprète à dom Métello. L'audience fut solennelle et pleine de magnificence, et tout s'y passa à l'honneur du Portugal aussi bien qu'à la satisfaction de l'empereur, qui en exprima lui-même son contentement au missionnaire. La lettre où Parrenin raconte cette entrevue est pleine des détails les plus curieux sur les usages de la cour. Il sait tout observer, tout retenir et tout raconter avec le plus vif intérêt, et il le fait toujours avec une grande modestie, s'effaçant lui-même, quoiqu'on sente bien qu'il est le personnage le plus important dans cette affaire. Dom Métello lui témoigna sa reconnaissance au nom de son souverain, et quand il fut de retour en Portugal, il lui écrivit chaque année pour le remercier de tous les services qu'il lui avait rendus dans cette ambassade (1).

Telle fut la vie de cet homme, qui sut accomplir à la lettre, dans son apostolat, cette parole de saint Paul : *Je me suis fait tout à tous pour les gagner tous à Jésus-Christ.* Il conserva son activité et son énergie même au milieu des longues souffrances qui affligèrent ses derniers jours. Quand la maladie lui donnait quelque relâche, il reprenait, comme à l'ordinaire, ses travaux apostoliques. De tous côtés les fidèles venaient en foule pour le consulter, pour se consoler, s'instruire et se purifier auprès de lui. Heureux de voir le christianisme jouir de quelques instants de paix sous le règne de Kien-long, il s'appliqua à instruire les néophytes, à former des catéchistes, à composer en langue tartare ou chinoise un grand nombre de livres utiles à la religion, qui furent imprimés à Pékin et répandus parmi le peuple. Il traduisit encore un curieux livre de morale composé par un célèbre lettré chinois, et l'envoya en Europe, où il fut imprimé en français et traduit en allemand. Ce livre est un traité des devoirs de famille et des moyens d'y entretenir la paix et la concorde. Les règles de conduite que donne le christianisme sont sans doute bien supérieures à cet enseignement de la sagesse chinoise. Mais Parrenin n'hésite pas à louer ce que la raison humaine a produit de noble et d'élevé dans cette nation, et l'on croirait, en lisant cet ouvrage, retrouver quelques pages

(1) Lettre du P. Parrenin, du 8 octobre 1727. — Lettre du P. Chalier, de 1741.

oubliées de la Bruyère ou de Vauvenargues (1). « Si tout ce que Parrenin a écrit, dit un de ses biographes, pour satisfaire aux questions des savants de la Chine, de France et de Russie, était recueilli et donné au public, on serait étonné qu'un missionnaire, avec tant d'autres occupations, ait pu se mettre en état d'écrire si noblement en tant de langues, et de se rendre si habile en tant de genres d'érudition (2). »

Parmi tant de correspondances qui intéressaient le monde savant, nous aurions été heureux de retrouver les traces des rapports que Parrenin a dû conserver avec sa province natale. Mais nous ne connaissons que quelques billets, sans importance historique, qu'il écrivit à sa mère. Cependant, malgré ses immenses occupations, son cœur se reporta quelquefois vers les souvenirs du sol natal, et dans une de ses lettres il rappelle les montagnes de la Franche-Comté, auxquelles il compare celles d'une province de la Chine.

Cette vigueur d'intelligence qu'il mettait au service de la science et de la religion, Parrenin l'a conservée jusqu'à ses derniers jours. Arrivé à l'âge de soixante-quinze ans, il écrivit encore un long Mémoire sur l'histoire des Chinois, et l'adressa à son ami Dortous de Mairan. Mais les forces de son corps l'abandonnaient, et ce n'est pas sans douleur que son illustre correspondant dut lire, à la fin de cette lettre, ces paroles si pleines de tristesse et de résignation : « Il y a bien de l'apparence, Monsieur, que c'est la dernière fois que j'ai l'honneur d'entretenir avec vous un commerce qui m'a été si avantageux et si agréable. Mon grand âge, mes infirmités, qui augmentent de jour en jour, m'annoncent ma mort prochaine. »

Dieu avait, en effet, réservé à sa vieillesse de douloureuses épreuves, qui servirent encore à faire éclater sa vertu, son courage et sa ré-

(1) Ce livre est imprimé dans les *Lettres édifiantes*. Il a été publié en allemand à Francfort sous ce titre : Die Rittenlehre der Chineser von Tchang in chinesischer Sprache, hernach von Ho-Sou in die Tartarische, und endlich von Dominico Parrenin, Jesuit-missionario in China. Frankfurt und Leipzig, 1744, in-8°.

(2) Les lettres du P. Parrenin ont été traduites en allemand et insérées dans le Weltbott du P. Stöcklein. — Outre ces lettres et les ouvrages que nous avons mentionnés, on peut encore citer, parmi les ouvrages de Parrenin, la version littérale d'une ancienne *Histoire de la Chine*, depuis Fou-Hi jusqu'à Yao, dont Mairan a publié un fragment; — une *Vie du B. Stanislas*, in-4°, imprimée sur papier de soie, à neuf colonnes, et portant des caractères rouges au frontispice. Cet ouvrage est mentionné par Delandine, *Catalogue de la bibliothèque de Lyon*, histoire, n° 3490. — La traduction d'un petit traité des preuves du christianisme, composé par Jean Sounou, un des princes tartares qu'il avait convertis. Elle est dans les *Lettres édifiantes*.

signation. Car, malgré les infirmités de ses derniers jours, malgré une maladie de trois ans qui fut pour lui un long martyre, il travailla activement jusqu'à la fin, et l'on peut dire qu'il est mort debout. Ce grand vieillard, qui avait parlé avec autorité devant les rois et les princes, passait ses derniers jours à faire, comme Gerson, le catéchisme aux petits enfants et aux néophytes. Sa couronne était assez belle, et le 27 septembre 1741, il finit une vie sainte et laborieuse dans une grande tranquillité de corps et d'esprit. « Il semble, dit un témoin de sa mort, que Dieu voulut récompenser sa patience en le délivrant, quelques jours avant sa dernière heure, de tout sentiment de douleur, de sorte qu'il mourut de la mort la plus tranquille et la plus douce (1). » Il avait alors soixante-dix-sept ans, et avait rempli pendant quarante-trois ans, à la cour de Pékin, l'apostolat de la science et de la religion.

Sa mort fut un deuil public, non-seulement pour les missionnaires, mais pour les idolâtres eux-mêmes. L'empereur Kien-long, qui l'affectionnait singulièrement, voulut lui rendre un solennel témoignage de son estime. Il ordonna que ses funérailles seraient faites aux frais de l'Etat avec la plus grande magnificence. Les princes du sang envoyèrent leurs officiers pour accompagner le convoi jusqu'au lieu de la sépulture des missionnaires, qui était à deux lieues de Pékin. Un concours immense de peuple, avec les mandarins et les grands de l'empire, vint s'associer à la douleur des missionnaires (2). Ceux-ci comprenaient la perte immense qu'ils avaient faite, et quand de nouvelles persécutions vinrent, quelques années après, affliger les missions de la Chine, on sentit encore plus vivement la mort du saint religieux. Les jésuites s'épuisèrent en efforts généreux, mais stériles, pour sauver le christianisme dans ce pays. Ils virent leurs églises s'écrouler au moment même où leur compagnie disparaissait en Europe (3).

Parrenin avait reçu sa récompense au ciel. Son nom ne fut pas non plus oublié sur la terre. Il figure au premier rang dans le recueil des *Lettres édifiantes*. Il est compté parmi les grands hommes du XVIIe siècle ; il est rappelé dans les ouvrages les plus autorisés des érudits et des savants ; il est inscrit, par les historiens franc-comtois, parmi les

(1) Lettre du P. Chalier, de 1741.

(2) Voir dans les *Lettres édifiantes*, 1re édition, 26e recueil, préface, de curieux détails sur la mort et la sépulture de Parrenin. Cette préface ne se trouve pas dans toutes les éditions des *Lettres*.

(3) CRÉTINEAU-JOLY, liv. V, p. 85.

esprits éminents qui font l'honneur de cette province. Son souvenir est resté aussi dans vos cœurs comme la grande image d'un véritable homme de bien. Mais ce souvenir aurait pu s'effacer peut-être. Vous avez voulu le faire vivre sans cesse dans l'âme de ses compatriotes, en élevant à Parrenin un monument digne de lui, dans les lieux mêmes où fut placé son berceau. Sur cette place publique, tous les âges viendront contempler les traits de cet homme de bien, pour se rappeler l'exemple de ses vertus et de son dévouement. Quels que soient les événements que l'avenir nous prépare, on respectera toujours l'image de celui qui a consacré sa vie à honorer Dieu, à instruire ses semblables et à glorifier sa patrie. Ce monument nous rappellera tous les jours cette maxime, que Parrenin a inscrite dans un de ses ouvrages : *Le sage est une instruction vivante pour les autres hommes.*

BESANÇON, IMPRIMERIE DE J. JACQUIN.

www.ingramcontent.com/pod-product-compliance
Lightning Source LLC
LaVergne TN
LVHW020300230826
846091LV00006B/2488

9782012470224